DISCOURS

PRÉLIMINAIRE

EXPOSANT

LES CONSIDERATIONS QUI DOIVENT SERVIR DE BASE
AU SYSTÈME ADMINISTRATIF PROPRE A LA
REGENCE D'ALGER,

PAR

LE Dr BARRACHIN,

EX SOUS-INTENDANT CIVIL D'ORAN.

Sub lege libertas.

PARIS

PAULIN, LIBRAIRE-ÉDITEUR,
PLACE DE LA BOURSE;
GARNIER, LIBRAIRE,
PALAIS-ROYAL, COUR DES FONTAINES, 1.

1833

IMPRIMERIE DE HENRI DUPUY, RUE DE LA MONNAIE, N. 11.

DISCOURS

PRÉLIMINAIRE

ou

EXPOSÉ DES CONSIDÉRATIONS

QUI DOIVENT SERVIR DE BASES AU SYSTÈME ADMINIS-
TRATIF PROPRE A LA RÉGENCE D'ALGER.

Une question généralement agitée en France est celle-ci : garderons-nous Alger ? A cette occasion toutes les susceptibilités nationales sont en émoi; elles se refusent à croire que la France de Juillet ne puisse conserver la seule conquête de la Restauration; et à cette occasion encore on attribue au gouvernement des pensées qu'il n'a sans doute pas, et auxquelles il ne pourrait se laisser aller que par suite de convictions réelles sur l'impossibilité de faire autrement.

Néanmoins, depuis trois ans, tout le monde en est là sur cette question : chefs militaires en Afrique; administrateurs civils; habitans européens et natifs; commerçans et spéculateurs en général; pairs; députés; personne ne sait que penser. Les ministres eux-mêmes en conseil répètent peut-être comme tout le monde : garderons-nous Alger? Que ferons-nous d'Alger? Et avec de bonnes intentions, peut-être ne savent-ils aussi à quoi s'arrêter, faute de documens assez précis sur l'état réel des choses; sur les difficultés exagérées par les uns, déniées par les autres, de conserver le pays; sur les moyens préconisés par tant d'autres; sur les vrais intérêts du gouvernement dans l'occupation, et enfin sur la manière de combiner ces intérêts avec les intérêts locaux.

Les essais faits jusqu'aujourd'hui peuvent être, sans doute, pour beaucoup dans cette incertitude. Cependant il faut le dire, il serait bien fâcheux qu'on se laissât influencer par ce qui a été fait; que l'on se prononçât sur cette affaire d'après ce que l'on a vu, car il est impossible de plus mal administrer : si toutefois l'on peut dire qu'il y ait eu administration quand aucun intérêt ne s'est trouvé représenté, ni compris; quand il n'y a pas eu de système *décidé, reconnu, proclamé*, qui ait pu servir de guide aux employés du gouvernement, et aux particuliers; enfin lorsque ces mêmes intérêts ont été presque constamment méconnus; ou bien même un objet qui n'a fait qu'exciter la cupidité de ceux qui ont administré.

Pour moi, je ne connais qu'une manière de résoudre ces questions que tout le monde s'adresse, et cette manière est celle-ci :

Si la somme des avantages politiques, commerciaux et agricoles, est supérieure à celle des inconvéniens, il n'y a pas de doute, il faut garder. Si elle est inférieure, il faut chercher le meilleur moyen de se retirer de ce pays ; soit en le concédant, ou en instituant nous mêmes un chef musulman qui reconnaîtrait notre suzeraineté, et nous paierait un tribut annuel et constant, d'après des stipulations qui limiteraient nos droits et ses devoirs.

C'est donc ce qu'il convient d'examiner avec conscience; et c'est aussi ce que je suis disposé à entreprendre dans l'intérêt du gouvernement et du pays.

Si la question pouvait être résolue négativement, le parti à prendre ne serait point encore facile à décider : *tant de considérations graves de nationalité et de politique intérieure même doivent arrêter devant cette décision !*

Si au contraire cette question est résolue affirmativement; après avoir défini d'une manière bien précise les vrais intérêts du gouvernement dans la possession, sous le rapport politique, commercial et agricole; après avoir déterminé le mode d'adjonction civile et administrative du sol de la régence au sol de la métropole; examiné le droit de revendication de tel ou tel département du gouvernement; reconnu la nécessité de placer cette administration sous la présidence du Conseil, ainsi que l'avait décidé l'ordonnance du 1er décembre 1831; la seule sage et raisonnable, malgré la circonstance qui place la présidence au Ministère de la Guerre, (véritable anomalie gouvernementale, dans le système politique suivi), mais chaque ministre intervenant pour la partie relative au département qui lui est confié. Nécessité que je rendrai plus évidente en citant à la fin de ces prolégomènes des exemples appuyés de pièces, et tirés de l'administration d'Oran. (*Voir* les notes à la fin.) Il faut aborder immédiatement une question subséquente, celle du meilleur système administratif possible pour arriver à des résultats honorables pour le gouvernement et utiles pour tout le monde, en opérant surtout avec une économie qui puisse être attestée et reconnue, même avant de commencer; et de ce côté, si le ministère était fidèlement informé, et servi avec intégrité, il y aurait à signaler des améliorations tellement remarquables que les résultats qu'elles produiraient iraient au-delà de tout ce que l'on pourrait se figurer, si on voulait le comparer à ce que l'on a vu.

Dans cette seconde question relative au système administratif, on doit d'abord examiner si le pouvoir militaire, avec ses *connaissances*, son *esprit*, ses *habitudes*, seul, offre assez de garantie et suffit enfin pour inspirer de la confiance aux spéculations en général, au commerce et aux intérêts de tout le monde ; ensuite montrer ce que l'on doit attendre de l'administration civile bien dirigée ; déterminer avec précision les points de contact de ces deux autorités entre elles ; démontrer clairement ce que l'on doit attendre de l'un et de l'autre dans une action simultanée.

Ce système administratif doit de plus être envisagé :

1º. Sous le rapport de l'institution municipale, pierre angulaire sur laquelle toute organisation sociale doit être établie.

2º. Sous celui des finances, question jusqu'aujourd'hui restée sans examen réel.

3º. Sous celui des domaines publics et privés.

4º. Enfin sous celui de la justice : question qui doit être traitée de manière à ne pas permettre qu'elle soit aussi un moyen de satisfaire les vues cupides de tant de chefs.

Cette dernière question qui est une des plus graves, d'abord parce qu'il faut décidément reconnaître que les Français qui vont en Alger ne peuvent être soumis qu'aux lois françaises (quelques modifications seulement doivent être apportées dans le code de procédure); ensuite parce qu'il faut déterminer d'une manière précise et invariable quelle législation on appliquera aux indigènes. C'est cette question, si elle est traitée sainement, qui décidera le succès réel de l'occupation, et fera varier de plus de 20,000 hommes, la différence du contingent nécessaire pour cette occupation.

Avec la marche que l'on suit et trente mille hommes, un matériel immense et 21 millions par an, comme on les dépense, on ne fera rien. Avec dix mille hommes et le système administratif que je décrirai, on sera maître de toute la régence. Conséquemment, la différence dans la somme des dépenses sera grande, comme on peut l'imaginer.

La question de la justice doit être examinée, non-seulement dans toutes les divisions de l'ordre, depuis la justice de paix (qui se trouve déjà dans les habitudes des indigènes en pays musulman), des tribunaux de commerce, de police correctionnelle, de première instance, jusqu'aux tribunaux d'appel, etc. Mais on doit encore, dans cette partie, déterminer d'une manière bien précise aussi les différentes faces qu'elle doit présenter pour les Européens et les indigènes entre eux ; décider si l'on doit laisser à ceux-ci leurs juges naturels, ou leur accorder l'accès de nos tribunaux ; donner les raisons à l'appui de l'un et de l'autre de ces deux partis qu'il convient de prendre ; dire si, dans toutes les questions qui tiennent à la religion, au culte, nous devons exercer un pouvoir quelconque, un contrôle, et de quelle manière on doit l'exercer, ou si nous ferons mieux de laisser en cela toute latitude aux chefs spirituels du pays ; déterminer dans quelles circonstances et dans quelles formes encore dans les affaires civiles, commerciales, dans les affaires contentieuses en général, les Musulmans pourront revendiquer les lois françaises : ce qui est nécessaire pour les rattacher par quelques points à notre administration, et leur faire désirer la continuation de notre occupation.

Il n'y a pas jusqu'à la question de la polygamie qui ne doive être examinée avec une extrême attention, et j'ose dire que, sur cette matière, j'ai des idées qui, j'en suis sûr, seront accueillies par les Musulmans de la Régence, en même temps qu'elles pourront être conformes à l'esprit de nos lois. Je dois déjà faire remarquer que, bien que la polygamie soit autorisée par le Coran, elle est néanmoins proscrite à Alger. Dans l'intérieur du pays, il y a bien quelques polygames, mais peu.

Il est constant que cette matière si grave, puisque c'est de la manière dont elle sera traitée que doivent dépendre le séjour des Musulmans dans le pays, nos relations amicales ou hostiles avec les populations de l'intérieur, par conséquent les plus ou moins grandes facilités d'approvisionnement; ce qui touche directement à la question de la colonisation; il est constant, dis-je, que la question de la justice ne peut être traitée sainement qu'avec une connaissance réelle des *lois*, des *mœurs* et des *usages* des Musulmans. Toute prévention, toute distraction dans cette affaire sera funeste.

Si un travail semblable était mis entre les mains d'un de ces hommes d'Europe, même d'un de ces députés qui se figurent que les Musulmans sont des peuples qui vivent presque sans *lois*, et que *faire de la légalité avec eux*, c'est peine perdue; *qu'il est même ridicule d'y penser;* que sur une semblable proposition on *ne peut que passer à l'ordre du jour;* il n'y a pas de doute, on ne fera que du gachis; la Régence ne sera *qu'un fardeau pour le gouvernement*, et *un gouffre où iront s'enfouir les deniers publics, même en nous déshonorant aux yeux de l'Europe.*

On ne doit pas perdre de vue, au contraire, que l'on a affaire aux peuples les plus penseurs, les plus réfléchis, les plus moralistes connus; qu'ils ne font pas un pas, pas un mouvement; qu'ils ne conçoivent pas une pensée, sans la reporter à la *légalité qui les gouverne*, et que jamais on ne les trouve en dehors de leurs lois religieuses, de leurs lois civiles, qui presque toujours dépendent les unes des autres, enfin en dehors de leurs usages. Admettons que c'est une légalité nouvelle que l'on veut leur faire adopter : d'accord; et c'est mon avis qu'il faut que cela soit; mais encore faut-il qu'on la leur enseigne cette légalité; qu'on la proclame; qu'ils soient, s'il est permis de le dire, *catéchisés* à cet égard. Nul doute qu'ils ne la conçoivent et ne l'adoptent même, si, respectant leurs principes religieux, les pratiques de leur culte, elle est plus avantageuse à leurs intérêts civils; si leur existence, leurs propriétés sont mieux garanties, etc. Si, au contraire, avec les antipathies religieuses, on excite encore les haines résultant des persécutions *déjà exercées dans des vues cupides; des assassinats commis sans motif* (j'ai déjà cité des faits ailleurs), comment voudrait-on qu'ils s'attachassent à vous? On nous dit, séance du 24 mars : « *Il faut qu'ils obéissent.* » — A qui? à quoi? comment? Prendra-t-on au moins la peine de le leur dire? Non! c'est la volonté d'un général qui règle tout : d'un général, qui souvent n'agit que par PASSION ou par INTÉRÊT, et qui plus souvent encore ne sait lui-même ce qu'il veut, et suit machinalement les inspirations des cupidités adulatrices qui l'entourent.

Si mon séjour de plusieurs années au milieu des peuples musulmans m'a fait connaître suffisamment qu'une main puissante est indispensable pour les contenir, il m'a aussi appris que ces peuples possèdent plus qu'aucun autre le sentiment du juste ; et ne vous y trompez pas, cette légalité qu'ils ne comprennent pas, vous dit-on, les frappe aussi vivement que les Européens, et peut-être davantage. Croit-on par hasard leur apprendre quelque chose de nouveau en leur parlant de *Charte*, comme nous entendons et prononçons ce mot? Croirait-on qu'ils ne sauraient y attacher son véritable sens? Mais ce mot *chart* : ch, rt (la voyelle ne s'écrit point), était dans leur langue avant d'être dans la nôtre. Pour eux tout traité synallagmatique entre des intérêts opposés, toutes conditions formulées stipulées, toute proclamation du gouvernement adressée au peuple et dans laquelle des engagemens sont pris, est une *chart* pour eux. *Conventio; pactum; lex; stipulatio; conditio.* Dictionnaire arabe.

C'est donc de la sévérité légale qu'il faut faire chez eux, mais non de *la barbarie*. Il faut être probe pour avoir le droit de punir le vol; être humain pour déshabituer de l'assassinat; accueillir ces indigènes avec franchise, cordialité; *être fidèle à ses engagemens, à ses promesses*, pour les attacher à nous. Il faut leur frayer le chemin de la civilisation, mais non leur tendre des piéges sur la route pour avoir le droit de punir les dupes; mais non les traquer comme on traque les lions et les tigres de leurs déserts; enfin il ne faut pas opposer aux Bédouins d'Afrique les Bédouins de France; car ce n'est pas en se montrant aussi féroces que les sauvages que l'on parvient à les apprivoiser.

J'émettrai ici une opinion que j'ai toujours professée et que je professerai toute ma vie, c'est que je regarde comme une erreur énorme de dire qu'un peuple n'est point fait pour la liberté : c'est comme si l'on voulait soutenir qu'il est plus facile de voyager de nuit à travers champs que de jour sur les routes. Les lois sont les routes; le jour n'est autre chose que la connaissance des lois. Qu'on ne la marchande pas cette liberté, si dangereuse à ce que l'on dit, et l'on verra que tous les peuples sont faits pour l'apprécier et vivre avec elle.

Il n'y a de danger que lorsqu'on la leur conteste;

car alors il faut qu'ils arrivent à des révolutions pour l'obtenir. C'est ce qu'on a vu, c'est ce que l'on verra encore tant qu'on s'obstinera à refuser aux hommes ce droit qu'ils tiennent de Dieu. Oui, j'en suis convaincu, on peut tout faire et tout attendre des peuples avec cette maxime : *Sub lege libertas*. On ne peut rien sans elle.

Liberté du culte la plus absolue, sauf le cas où les pratiques religieuses pourraient devenir cause de désordres et de troubles pour la tranquillité commune; une tendance bien marquée à introduire chez ces indigènes les lois, les usages français, et, par-dessus tout, le bon exemple, l'humanité, la droiture, la douceur dans les mœurs, la facilité des relations : voilà quels furent et quels seront encore les élémens que je crois les plus propres à produire le résultat désiré. Ce qui repousse, comme on voit, cette barbare expression d'un général qui disait : « Que pour faire quelque chose en Afrique, il avait » besoin de moyens pris en dehors de la civilisa- » tion. » Aussi qu'a-t-il fait!!! Je suis, je m'en fais honneur, d'un avis tout opposé.

Était-il donc si difficile de dire à ces peuples : « Ce sont les lois, les usages français, les mœurs » françaises qui vont être introduits en Alger; c'est » la civilisation française dans tous ses détails qui

» va régir la colonie. Que ceux qui veulent de nous
» restent avec nous et se déclarent ; que ceux qui
» nous refusent se déclarent de même. Chacun est
» libre d'agir à son choix; il y aura une égale pro-
» tection pour tout le monde. Un délai sera accordé
» aux dissidens pour vendre leurs propriétés et
» sortir du pays, etc. » Faisons de ces peuples des
Français musulmans, en un mot, et on verra quel
changement s'opérera.

Mais que veut-on que fassent des hommes qu'on
a laissés dans la plus complète ignorance de nos intentions à leur égard, et qui n'étaient avertis pour
ainsi dire de notre présence et de notre force que
par des actes de barbarie dont leurs anciens beys
eux-mêmes se montrèrent moins prodigues, à beaucoup près, que les vainqueurs *civilisés* qui vont
puiser leurs moyens *en dehors de la civilisation.*
Est-ce pour les attirer à nous que l'on maltraite
tous ceux qui se déclarent nos amis?

Je le dis hautement : on n'a fait jusqu'à présent,
dans tout ce qui regarde l'Afrique, que de s'éloigner
du but indiqué dans le principe.

A quel déplorable système devons-nous attribuer
ce changement de route !

Un châtiment justement appliqué pour un crime
bien connu, bien avéré, ne vous fera jamais un

ennemi, augmentera même notre puissance morale. Mais il est affreux d'être forcé d'en convenir, *l'infidélité dans les promesses, la barbarie, la duplicité, la cupidité* dans les actes, voilà tout ce qui, de notre part, a le plus frappé les naturels de la Régence. Je le dis avec conviction, il faut châtier avec vigueur, *ne jamais pardonner;* mais il faut frapper juste, quelque soit le nombre des délinquans ou des criminels; condamnez s'il le faut tous les chefs et les sujets d'une tribu; toutefois il faut que cette condamnation soit revêtue des formes prescrites.

Quelle confiance ces Africains doivent-ils avoir dans des hommes qui, se disant civilisés, n'ont ni *foi* ni *loi,* et ne sont venus chez eux que pour les *piller,* les faire *rançonner et les assassiner?*

Je mets tant d'importance à cette partie du système administratif nécessaire à Alger, que je ne crains pas de le dire, il faut que celui qui l'aura combiné, proposé, puisse en garantir le succès et en prendre la responsabilité; et pour en prouver l'excellence, répondre qu'il sera accueilli par tous les sectateurs du mahométisme qui se trouveront dans la Régence; et je n'hésite point à le dire aussi, je *défie* qui que ce soit, *homme du gouvernement, spéculateur et commerçant français* ou *européens, administrateur civil, chef militaire;* enfin **habitant** *natif de l'Algérie*, de contester avec *équité* et *savoir* celui que je proposerai et que je décrirai. Il ne sera attaqué que par des hommes de *mauvaise foi, ayant des intéréts ou des vues opposés aux intérêts généraux;* par des *ignorans* ou *par des envieux :* encore j'arriverai à prouver qu'il n'y a pas d'autre manière de résoudre la question de la colonisation ; j'en appellerai à tous ceux qui ont des intérêts attachés à sa prospérité.

A l'égard des Européens, des Français surtout, est-il possible d'admettre qu'en quittant la France (le pays du continent d'Europe où l'on jouit de plus de liberté), ils aillent en Alger pour être soumis aux caprices, aux haines, à l'arbitraire d'un général et d'un intendant; pour vivre enfin sous un gouvernement russe? Ce serait se laisser aller à une étrange préoccupation, ou vouloir vraiment montrer trop de volonté de prouver que la colonisation est impossible ; et moi, aujourd'hui que je connais les choses, je refuserais même l'intendance en chef si je devais rester sous le pouvoir militaire avec un tel système. Il est, je le déclare, *déshonorant* pour le gouvernement, *onéreux* pour le trésor, et *funeste* pour tout le monde dans les résultats.

N'est-il pas vraiment monstrueux? Toute l'indignation la plus extraordinaire ne se soulève-t-elle pas, quand on pense qu'un général, dont les habitudes sont connues, puisse dire à quelqu'un : « Je vous ferai couper la tête. » N'est-il pas scandaleux, à notre époque, que des hommes notables du pays, des hommes qui ont rendu de grands services aux Français, qui ont joui de la confiance entière d'un général en chef, *connu par sa grande intégrité*, soient obligés de fuir leur patrie pour échapper à la mort *que tient au bout de son sabre un chef militaire?* Ces hommes sont à Paris; pourquoi ne pas les punir légalement s'ils sont coupables? S'ils ne le sont pas, pourquoi les poursuivre, les proscrire, menacer leur tête, ou les déporter en France et leur faire expier, par leur ruine, leur dévouement aux Français et les services qu'ils ont rendus? En vertu de quelle loi des actes semblables ont-ils pu avoir lieu? Jusqu'à présent l'occupation n'a été funeste qu'à ceux qui se sont déclarés nos amis.

Et les assassinats qui, sur ces derniers temps, ont encore eu lieu à Alger et à Oran, ne prouvent-ils pas que l'on doit enfin arrêter, ou au moins limiter ce pouvoir dévastateur et sanguinaire?

Que penserait-on si je citais ici le nom d'un officier fort considéré au ministère de la guerre, et qui disait, il y a quelque temps, devant deux personnes notables que je connais : « Qu'est-ce que nous fait

» à nous cette tranquillité que l'on veut? Avec cela,
» nous n'aurons aucune occasion de nous signaler ;
» nous garderons nos mêmes épaulettes, nous ne
» gagnerons pas de croix, etc. » Voilà le langage
naturel des militaires ; ils ne peuvent pas en avoir
d'autres.

L'affaire de la police mérite encore une grande attention. J'ai vu la perversité faire bien du mal en Alger avec cet instrument! Faire fusiller de soi-disants espions! Pourquoi? Et les complots que l'on organise, dans quel but?

Les questions politiques qui doivent déterminer à conserver Alger, forcent évidemment à l'examen de la question stratégique de la défense en cas de guerre avec une ou plusieurs puissances d'Europe, et c'est surtout quand on abordera cette question que l'on sentira mieux la nécessité d'un système administratif qui détruise ces haines déjà si maladroitement excitées ; qui nous attache enfin des populations dont nous devons attendre tant de ressources. J'espère dissiper les inquiétudes que l'on pourrait avoir sur ce point. Mais où en sommes-nous avec ces populations, aujourd'hui que nous sommes parfaitement tranquilles en Europe? *Les ordres du jour de l'armée vous le disent.* Quand des généraux administrent en chef un pays, il leur faut des armées. Ces Messieurs ne conçoivent, pour la plupart, leur grade que de cette manière. Pour des armées, il faut des ordres du jour éclatans, relatant des hauts faits; pour des ordres du jour ainsi rédigés, il faut des combats; pour des combats, des ennemis; des ennemis!... On les fait en *pillant, volant, rançonnant*, en *assassinant*, enfin, contre tout droit des gens. N'a-t-on pas vu un ordre du jour d'Oran, qui signalait la bravoure de dix-huit officiers supérieurs; faut-il le dire, de tous les officiers supérieurs de la garnison (sans en excepter un), pour une affaire dans laquelle il y a eu *trois blessés* et *deux tués !* Je suis certes bien loin de vouloir mettre en doute la bravoure de tous ces officiers que je connais pour la plupart, et qui tous ont fait leurs preuves sur d'autres champs de bataille que ceux d'Oran et ses environs; je dis seulement qu'il est du dernier ridicule de faire des ordres du jour semblables, *en telle occasion*.

Mais enfin ces *ennemis*, ces *combats*, ces *ordres du jour*; tout cela fait-il les affaires de l'État? Non? Il faut que l'on châtie légalement et avec éclat tous les délits commis; mais je ne veux point que l'on se serve du mot *guerre*, car pour moi qui connais et les hommes et les choses, je l'ai dit, il y a longtemps : « Il n'y a pas de guerre possible en Alger. »

Que signifient ces destructions de populations, ces expéditions qui ne changent rien à l'état funeste des affaires? Est-on donc bien avancé quand on a surpris et massacré trois ou quatre cents individus sans distinction *d'âge ni de sexe.*

Quel est le militaire, digne d'un nom honorable, qui un jour rentré dans son pays, assis au foyer domestique, auprès de sa femme, au milieu de ses enfans, ne regrettera ce qu'il a fait dans ces circonstances! Racontera-t-il à sa famille qu'il a lui-même donné la mort à des femmes, des enfans, des vieillards infirmes pour satisfaire sa fougue belliqueuse ou pour obéir à des chefs que les cris, les pleurs, les lamentations de tous ces malheureux n'ont point attendris! Eh! ne rougit-il pas déjà de cette conduite? Dieu me préserve de jamais faire partie d'expéditions semblables!

J'entends des gens qui disent : Ce sont des enfans de Bédouins, de barbares! Des enfans de Bedouins? Eh! qu'êtes-vous vous-mêmes pour ces Bedouins, ces barbares?... Était-ce ainsi que Desaix s'était fait appeler le *Sultan Adel* (juste) dans la Haute-Égypte qu'il gouvernait! Devant les résultats que ce système amène, devrait-on hésiter à accepter le système d'un homme qui vous jure sur sa tête, qu'il est prêt à livrer, qu'il vous fera des amis, des gens que vous voulez assassiner.

Ah! oui, disons-le avec vérité, c'en est assez de toutes ces horreurs, il faut y mettre fin; car un gouvernement qui les autorise se déshonore aux yeux de la civilisation d'Europe, notre époque repousse ces barbares destructions; il faut que les hommes les plus civilisés instruisent les autres en leur donnant l'exemple de *la loyauté*, de *l'humanité* et de *la justice*.

La preuve que le système de *guerre*, de *persécution*, *d'exécution* arbitraire est funeste, c'est qu'avant l'arrivée du général Boyer, les murs et les fossés d'Oran n'étaient point réparés; c'étaient des brèches partout; beaucoup de maisons des habitans avaient des issues dans les fossés et pouvaient favoriser les invasions; la garnison d'Oran ne se composait que de 1200 hommes fatigués de service; et cependant il n'y eut jamais d'attaque sérieuse. Les Arabes en caravanes nombreuses venaient en ville; il y avait abondance de tout, la douane faisait des recettes considérables, même sur les exportations de blé, *le fait peut être constaté*.

Depuis, le génie militaire a remis les fortifications en état, et détruit les communications qui ne devaient pas exister; la ville a reçu des moyens de défense propres à tenir les habitans dans la plus grande sécurité, et cependant, grâce à l'administration du général Boyer, tout a changé de face; les arrivages presque nuls ont réduit la population à la disette, et tout espoir de rouvrir des relations avec l'intérieur a été perdu. Aussi, a-t-on été obligé de tout faire venir de France, même le bois de chauffage. Du temps du général Danremont et même encore sous le colonel Lefol, un mouton entier coûtait 30 sous et le reste en proportion. La cause de ce changement n'est que dans l'administration.

Si le système suivi jusqu'à ce jour était bon, ne devrions-nous pas avoir fait plus de progrès? Et puisqu'au contraire nous avons perdu, puisque nos relations avec l'intérieur sont plus difficiles que jamais; en un mot, puisque nous sommes moins avancés qu'après le débarquement, n'est-on pas suffisamment autorisé à dire que le système est mauvais, et qu'il faut le changer? Qu'il faut enfin un système *loyal* qui satisfasse les intérêts des masses, et qui cependant les rattache aux intérêts *bien définis* du gouvernement? Je ne croirai jamais que c'est par des *déprédations de toute espèce, des malversations sans fin, des violences sans raison, des persécutions sans motif, des guet-à-pens* enfin dans lesquels on fait tomber les gens pour les punir ensuite, (et cela dans des vues cupides, je l'ai vu), que l'on peut servir les intérêts du gouvernement. Est-ce donc en volant que l'on donne l'exemple de la probité? Je ne voudrais consentir à être quelque chose à Alger, *si l'on veut coloniser*, qu'autant que l'on promettra de faire un exemple éclatant, de mettre en jugement enfin le premier général ou militaire de haut grade, quel qu'il soit; le premier fonctionnaire civil en chef ou subordonné qui aura malversé; je voudrais proclamer cette condition en arrivant. Je prouverais alors ce que peut faire, pour le bien du pays, pour l'honneur du gouvernement, une administration ainsi dirigée, et quand les députés pourront voir à quelle modicité de dépenses on peut arriver, avec une marche semblable, et quels sont les résultats à obtenir, sans difficulté aucune, les fonds seront votés avec acclamation.

Il me semble que de ces différens examens doit effectivement résulter le vrai parti qu'il convient de prendre; et en cas de conservation décidée, l'unique système administratif *honorable*, *utile* et *possible*.

Et si je suis bien inspiré, il me semble aussi que je vois les choses assez sainement pour bien les traiter. Dégagé de tout intérêt personnel, *car je ne suis point spéculateur en Alger*; éloigné de toute intention honteusement cupide, *car je ne connais que mes émolumens avoués et connus ; car je ne mets ma satisfaction que dans le succès ;* j'ai une connaissance assez exacte des lois, des mœurs, des usages, et je dirai plus, des besoins et des vues des peuples musulmans en général, pour savoir trouver et indiquer les meilleurs moyens de les attacher à nous. J'ai été assez long-temps en Afrique pour avoir apprécié aussi les fautes, je dirai plus et sans hésitation, les crimes des agens de l'administration, pour donner les moyens d'en empêcher le renouvellement ; en sorte que, tant en ce qui est relatif aux intérêts réels du gouvernement dans l'occupation, en ce qui est relatif aux intérêts des Européens, notamment des Français, qu'en ce qui est relatif aux intérêts des indigènes, je crois pouvoir réunir toutes les vues à un intérêt commun : la *prospérité du pays.*

En circonstances aussi graves, la modestie est sans mérite ; aussi ne me piqué-je point d'en afficher beaucoup à cet égard, parce que j'ai la conscience que je connais ces intérêts mieux que ceux qui les ont maniés jusqu'à présent. Je crois avoir le droit de dire aussi que j'ai donné des preuves que l'on pouvait attendre de moi plus de probité que de la plupart d'entre eux, et surtout plus de dévouement à la chose publique. Tout le monde d'ailleurs n'a pas, comme moi, passé quatre ans au milieu des peuples musulmans, et tout le monde ne met pas non plus sa plus grande *satisfaction*, ses *plaisirs*, sa *gloire*, à s'occuper de choses utiles, à faire du bien ; et quand on trouverait beaucoup d'hommes dirigés par ces mêmes sentimens, il faut encore les connaissances que j'ai acquises par les positions dans lesquelles je me suis trouvé. Je puis dire toutefois que jusqu'à présent il s'en est peu rencontré de semblables en Alger. D'ailleurs, quand je suis prêt à livrer *ma téte* pour prouver ce que j'avance ; prêt à prendre la responsabilité d'une entreprise comme celle qui résulterait des opinions que je veux émettre sur la colonisation, on doit me tenir compte de l'assurance que je montre ; et je ne vois, pour moi, qu'une obligation, celle de justifier cette assurance. Eh bien ! oui, je suis tellement convaincu qu'il n'y a rien de bon à attendre du système suivi actuellement en Alger, que je ne voudrais pas y participer en quoi que ce soit (j'en ai donné la preuve), tandis que j'ai la conviction la plus positive que le système que je proposerais serait le seul *honorable*, *utile* et *possible* ; que je garantis qu'il sera adopté par toutes les classes réunies en Alger ; qu'il produira une économie ÉNORME sur le système suivi jusqu'aujourd'hui, nécessitera beaucoup moins de troupes, et rattachera avec tant de succès les indigènes à notre gouvernement, que, deux mois après sa promulgation, je voudrais aller *seul* passer un mois dans l'intérieur du pays, visiter tous les chefs de tribus sous leurs tentes, et rapporter les preuves authentiques de leur soumission; je mettrais à cette condition la conservation du poste qui me serait donné, et je ne craindrais pas de courir la chance de le perdre. Je prouverais, je l'affirme, qu'en occupant seulement *Alger*, *Bone* et *Oran*, sans faire multiplier à l'infini les forts dans tout le pays (admettant seulement des systèmes de défense propres à chaque ville et village où l'administration française aurait été régulièrement établie, afin de leur donner sûreté contre les entreprises hostiles de quelque part qu'elles viennent), le gouvernement serait *maître de toute la Régence;* que l'on pourrait, comme moi, *aller sans crainte parcourir le pays;* que les contributions *seraient acquittées régulièrement, les marchés approvisionnés sans violence, la prospérité du pays assurée*, et je dis de plus, *la fidélité de ces peuples tellement garantie* pour toutes les circonstances possibles, que, dans un an, je ne craindrais pas d'établir une maison de commerce dans l'intérieur du pays ; enfin j'irais, avec toute sécurité, faire des plantations au-delà des occupations militaires et dans des lieux même où elles n'auraient jamais été établies.

Ces résultats valent bien la peine d'un examen : c'est ce que je demande.

On saura alors que quand on veut coloniser par le pouvoir militaire *seul*, agissant sans contrôle et d'une manière absolue, on ne doit avoir aucun espoir de réussir. Moi, sous-intendant civil de la province d'Oran, revenant à Alger à bord d'un bâtiment de l'Etat, par conséquent connu des autorités civiles et militaires; bien que je déclinasse mes noms et qualités, bien que j'exhibasse mes papiers pour justifier mon identité, n'ai-je pas été obligé de déposer mon fusil à deux coups au poste du port, et d'adresser, *par écrit*, une réclamation au commandant de la place pour ravoir mon arme? Est-il possible de rien se figurer de plus ridicule? Que l'on juge par là les entraves que doivent éprouver les particuliers. N'ai-je pas vu à Oran une cargaison de légumes frais (de choux qui ne sont contumaces dans aucun pays) pourrir en quarantaine, parce que le général voulait se venger de ce que Gibraltar avait décidé quarantaine pour les provenances d'Afrique! Et cependant la garnison était privée de légumes frais.

Les militaires en général (et ceci n'offre d'exception que dans ceux qui ont d'autres précédens, ou dans ceux qui ont résisté à cette influence du métier) ne comprennent la légalité qu'autant qu'elle s'accorde à leurs vues stratégiques. Ce sont des hommes spéciaux pour la plupart, qui ne voient que les moyens de force. Pour une colonie, il faut des hommes à vues générales, et capables de conduire un ensemble. La preuve que ce que je dis là est vrai : que veut-on pour contenir la Régence ? Des *soldats, beaucoup de soldats, des canons, des forts, de l'argent, beaucoup surtout ;* 21 millions : est-il possible ! Je ne veux que des idées ; les peuples les accepteront, et nous accepteront aussi, si nous opérons comme je l'entends ; et si nous avons des soldats, c'est plutôt comme précaution que comme moyen d'action.

Je suis loin de vouloir dire par là que l'on ne peut pas trouver de généraux capables de diriger une entreprise semblable, *un général honnête homme.* Dieu merci, si nous avons eu et si nous trouvons encore dans les cadres de l'armée quelques-uns de ces hommes dont l'humanité s'afflige, de ces hommes qui ne trouvent l'impunité de leur affreuse conduite que sous l'habit qui les couvre ; nous pouvons nous honorer d'en avoir beaucoup qui n'ont point oublié les lois de l'honneur et de l'humanité ; qui, aussi bons citoyens que braves et loyaux militaires, savent peser avec équité les intérêts qu'ils sont chargés d'administrer.

Mais ce sont ceux-là qu'il faut choisir, non pas ceux que l'opinion publique a si vilainement surnommés.

Quelle distance ne sépare pas ces deux hommes, dont l'un disait, dans une circonstance où l'on voulait le forcer à sévir avec cruauté contre quelques individus : « Dieu m'a fait pour faire du bien et non pour faire du mal; » et l'autre, au contraire, qui répondait à un malheureux qui, en implorant une grâce, disait : « Pour l'amour de Dieu, écoutez-moi, faites-moi cette faveur. » — *Dio non mi ha fatto per fare del bene a nessuno!* On trouve dans ces deux expressions le type différent de ces deux hommes. Le premier est le général Berthezène; le second est trop connu pour le nommer.

En admettant que ce soit dans la personne d'un général, offrant toutes les garanties morales que l'on doit désirer, que le gouvernement en chef de la colonie serait placé, je voudrais encore qu'il ne revêtit que le titre de gouverneur civil, que les troupes, placées sous ses ordres, ne fussent considérées que comme force publique; qu'un conseil de régence, composé de tous les chefs des services civils, fût institué, et que ce ne fût que dans des circonstances extraordinaires et avec le consentement de ce conseil, à une majorité déterminée, et dans laquelle sa voix ne serait point admise, qu'il pourrait prendre cette dictature que tous veulent avoir, et dont on a tant abusé. Mais en temps ordinaire il faut *que le pouvoir militaire occupe par une force suffisante et que l'autorité civile administre.*

Quelle garantie offre aux particuliers le pouvoir militaire? Aucune. Demandez aux négocians, aux agriculteurs, aux industriels s'ils oseront entreprendre quelque chose sans crainte, sous un pouvoir qui a toujours le mot de *mesure de haute police* pour justifier tous ses actes, et faire tout le mal possible.

Il est vrai que je n'entends point par autorité civile cette dictature en robe dont on a investi M. Gentil de Bussy. Je ne connais partout que le droit commun et tout le monde doit s'y soumettre. Peut-on voir rien de plus absurde que de penser à faire, en Alger, des colonies militaires, d'organiser des bataillons dans lesquels il y aurait des compagnies françaises, des compagnies arabes. Combien y a-t-il de temps que dans nos régimens les hommes de telle province ne sont plus toujours en querelle avec ceux de telle autre? En 1815 encore, dans mon régiment, il y avait un nombre de soldats d'une certaine contrée du midi; ils étaient en but aux attaques continuelles des autres; quand il y avait quelques fautes commises c'étaient toujours *les Provençaux qui en étaient les auteurs*. Vous voulez faire des colonies militaires de gens les plus belliqueux du monde? de gens qui vont aux champs avec leurs armes; qui mangent en les tenant dans leurs jambes; qui ne les quittent jamais, les conservent même sur le lit où ils reposent avec leur femme. Y pensez-vous! N'est-ce pas préparer pour nous des *vêpres siciliennes*? Mon système n'est pas là, je l'avoue; je veux, au contraire, qu'il tende à profiter de l'avidité de ces peuples pour tourner toutes leurs idées du côté de l'*agriculture*, de l'*industrie* et du *commerce*, et qu'un jour, sans s'en douter, ils ne trouvent plus que nous d'armés dans la régence.

On me permettra de dire que ceci doit être facilement démontré aux Français constitutionnels d'aujourd'hui. Que ceux qui voudront me contester consultent l'opinion publique; consultent tout individu, *Arabe*, *Cabaïle*, *Maure* et *Juif* de la régence; j'affirme que je ne crois pas qu'il n'avoue l'excellence de ce système.

Maintenant, *je dis vrai; je mens ou je me trompe.*

Il faut examiner pour savoir à quoi s'en tenir. Il n'est pas probable que je vienne ainsi mentir en face du public; en présence des hommes du gouvernement auxquels je m'adresse (je déclare que je connais trop bien notre époque pour faire cette faute), et surtout en proposant mon système avant de chercher à le mettre moi-même à exécution, donnant par conséquent tout le temps nécessaire pour l'examiner.

Si je me trompe, je donne au moins une preuve de zèle.

Mais si je dis vrai, si mes vues sont les seules bonnes à suivre, peut-on se dispenser de les examiner? Je ne crois pas.

Je vais plus loin maintenant, et je dis : Ou, en suivant le système que l'on suit, on veut prouver que la colonisation est impossible, ou l'on ne connaît pas de meilleur moyen de faire.

Prouver que la colonisation est impossible ! Il n'y a que les personnes initiées qui puissent avoir cette idée.

Rester dans la voie dans laquelle on est depuis le commencement, c'est dire que l'on ne connaît pas de meilleurs moyens de faire.

Et quand je soutiens avec assurance que, si l'on veut coloniser, mon système est le seul qui con-

3

vienne, quand j'affirme qu'il produira une économie *énorme d'hommes et d'argent;* quand ma vie doit prouver qu'il sera accueilli par les peuples de la régence; je demanderai encore une fois : Doit-on examiner mon travail ? en vaut-il la peine ?

Je suis prêt à l'entreprendre, si c'est à l'absence d'un bon système administratif qu'est due l'incertitude sur la colonisation de la Régence, et l'on verra alors que mon système doit convenir, comme je l'ai dit :

1°. Au gouvernement; en satisfaisant ses vues politiques, les intérêts qu'il peut honorablement avouer, et l'amour-propre national qui doit aussi un peu le guider.

2°. Les vues et les intérêts de nos compatriotes, colons, négocians, industriels, spéculateurs, etc., etc., etc.

3°. Les vues et les intérêts des naturels.

Ce dont on pourra s'assurer par les hommes du gouvernement qui ont vécu au milieu des peuples musulmans et par les Musulmans même de la Régence, en exceptant toutefois ceux qui ont des intérêts directs à une restauration. Le croirait-on? il y en a : *ils sont connus.*

4°. Les vues et les intérêts de tous les naturels appartenant à d'autres cultes.

Et je crois pouvoir dire de plus qu'en même temps que la Chambre pourra être persuadée sur la nécessité du vote des fonds, la question de politique extérieure sera traitée de manière à sortir honorablement de tous les engagemens dont on entretient le public depuis quelque temps, s'ils existent en effet.

Enfin, je présenterai la chose de manière que tout sera traité, au point que le gouvernement pourra savoir à quoi s'en tenir avant de commencer; connaîtra d'avance comment l'administration devra agir dans une circonstance donnée, quelle qu'elle soit; apprécier au juste les dépenses qu'il aura à faire, et avoir en perspective les résultats qu'il devra obtenir; car, pour moi, je soutiens que le système gouvernemental à suivre en Alger doit être arrêté à Paris, et que les fonctionnaires en Afrique ne doivent être chargés que de l'exécution des plans du gouvernement.

Si mon travail devait être soumis à une autorité militaire compétente pour recevoir ensuite une exécution d'après les modifications qu'elle pourrait y apporter, je déclare que la connaissance que j'ai de la grande intégrité de M. le général Berthezène, de sa philantropie, de son amour de la légalité et du bien public, et de la sympathie qui existe dans notre manière d'envisager les choses, me donnent toute confiance dans les modifications qu'il y apporterait. Je ne consentirais à une suprématie militaire que dans les mains d'un homme comme lui; je déclare de plus que je serais heureux d'être employé à une entreprise qui lui serait confiée, et je suis persuadé que j'obtiendrais son approbation s'il était appelé à donner son opinion sur moi et sur les vues que j'exposerai avec plus de détails dans l'écrit que je prépare, et qui sera divisé en deux parties :

La première traitera, comme je l'ai dit, des avantages *politiques, commerciaux* et *agricoles*.

La seconde du système administratif, ce qui comportera l'examen,

1º. Du mode d'adjonction civile et administrative du sol de la Régence au sol de la métropole;

2º. De l'institution municipale;

3º. Du domaine et des finances;

4º. De la justice.

L'ex-sous-intendant civil d'Oran,

Dʳ. BARRACHIN.

Ce 27 mai.

P. S. A la page 4, j'ai dit que je rendrais évidente la nécessité de l'intervention de chaque ministre, dans les affaires d'Afrique, pour la partie relative au département qui lui est confié, et j'ai ajouté qu'à la fin des prolégomènes que je traitais, je donnerais des exemples appuyés de pièces tirées de l'administration d'Oran.

Le but de cette communication étant seulement de déterminer une conviction, et non pas de renouveler des accusations déjà faites ailleurs, je me bornerai à dire qu'il y a eu des circonstances qui ont été telles qu'il eût été à désirer que l'administrateur civil ait pu en référer à MM. les ministres des affaires étrangères, des finances, de la justice, de l'intérieur, au lieu d'avoir été forcé de s'adresser seulement au ministère de la guerre, où les questions ont pu être examinées avec une prévention contraire à la jusice et aux intérêts des tiers.

Il suffit que je puisse soutenir et prouver aujourd'hui, pour que l'on sente la nécessité d'une modification :

1º. Que l'on a usurpé l'autorité judiciaire qui, placée en d'autres mains, contrariait des desseins et des goûts ;

2º. Détourné à son profit, en empruntant des noms étrangers, les deniers publics ;

3º. Autorisé à son profit des exportations de vivres pour Gibraltar tandis qu'on les attendait pour Alger où l'armée avait des *besoins pressans;*

4º. Commis des assassinats dans des vues cupides ou autrement;

5º. Persécuté des négocians, afin de les dégoûter et leur faire quitter le pays pour s'emparer ensuite du commerce et l'exploiter au moyen d'agens à sa dévotion;

6º. Insulté les agens des puissances étrangères amies d'une façon nuisible à nos intérêts politiques.

Les faits qui peuvent être allégués à l'appui de ces assertions justifient, selon moi, la nécessité de la participation de tous les chefs des différens départemens, et c'est ce que je voulais.

Je me dispense donc, quant à présent, de les reproduire; je ne le ferai qu'autant que l'on voudrait les examiner.

NOTA. — Le Traité complet du système administratif propre a la Régence d'Alger, exposé dans le présent Discours préliminaire, paraîtra fin septembre.

www.ingramcontent.com/pod-product-compliance
Lightning Source LLC
Chambersburg PA
CBHW061004050426
42453CB00009B/1246